AF562127

LA VRAIE RÉPONSE

AU

DUC D'AUMALE

PARIS
E. DENTU, LIBRAIRE-ÉDITEUR
GALERIE D'ORLÉANS, 13, PALAIS-ROYAL
1861

LA VRAIE RÉPONSE

AU DUC D'AUMALE

Le bruit qui s'est fait autour de la brochure du duc d'Aumale est un grave symptôme. Les hommes politiques qui ont gardé au cœur le culte vivant de la patrie et de la liberté, doivent aviser.

Des écrits, si éloquents qu'on les fasse, ne suffisent pas comme réponse, et des poursuites, si sévères qu'on les obtienne, ne sauraient remédier au mal.

La vraie réponse au duc d'Aumale doit être un acte. A la coalition des anciens partis il faut opposer la coalition de tous les hommes de progrès.

M. le Duc a jeté un double défi aux Napoléon et à la Démocratie. Il faut relever ce double défi.

Il est devenu évident que les intérêts de Napoléon III et de la Démocratie sont les mêmes. Car l'Empereur Napoléon III ne peut avoir de point d'appui assuré que dans les masses. Et les masses ont besoin de trouver un défenseur dans le pouvoir central.

L'Empire doit être pour le peuple ce que la Royauté fut pour le Tiers-État. Napoléon III peut réaliser successivement les aspirations légitimes de notre troisième révolution, de même que les résultats pratiques de notre première révolution ont été infusés dans nos lois par Napoléon Ier.

S'abstenir serait absurde. S'unir aux mécontents au risque de ramener l'étranger et l'ancien régime d'avant 1848, serait criminel. Il n'y a de politique sensée et pratique que de seconder le gouvernement dans tout ce qu'il fait de grand, de généreux, de populaire et de progressif.

Pour nous, nous croyons à la nécessité de la concorde pour développer, au profit de tous, sans exceptions, les grands principes de la Révolution française, pour combattre toute pensée de coalition au dedans comme au dehors et faire participer tous les peuples au bonheur de l'unité nationale dont nous jouissons.

Ce qui rend le manifeste Orléaniste d'autant plus coupable, c'est qu'il semble être un appel à la Sainte-Alliance, en disant aux étrangers : Croyez aux divisions en France, profitez-en pour venir restaurer nos priviléges et garantir notre tranquillité.

Si la conspiration Mallet éclata trop au milieu de nos désastres pour que Napoléon Ier pût prendre toutes les précautions nécessaires, le bon effet de la brochure d'Aumale aura été de signaler à Napoléon III ceux sur qui il pouvait le plus compter, et de resserrer l'union des Napoléon et de la démocratie.

Le gouvernement de l'Empereur marchera sans doute, de plus en plus, dans la voie populaire.

Pour nous, nous croyons que le moment est venu de dire : Faisons en France comme Manin et Garibaldi ont fait en Italie. De même que les démocrates italiens se sont tous serrés autour de Victor-Emmanuel, pour que l'Italie se fasse, il est aujourd'hui du devoir de tous les démocrates français, de se serrer autour de Napoléon III, pour que l'Europe se fasse et que le progrès social s'accomplisse.

(*Suivent les signatures d'un grand nombre de travailleurs*).

21 avril 1861.

Nous appelons l'attention des lecteurs sur les fragments suivants qu'a publiés un organe dévoué aux intérêts nationaux et démocratiques.

LES INTRIGUES ORLÉANISTES.

Vendredi, 25 novembre 1859.

Il y a un parti qui a toujours à la bouche le mot de liberté, et qui n'est pourtant que le parti du privilége : c'est le parti orléaniste.

Il avait inscrit la liberté en tête de sa charte ; et dans ses lois il avait fait que cette liberté ne profitât qu'à lui seul.

Il vante chaque jour la liberté de la presse dont on jouissait en ce temps-là ; mais en quoi le peuple en jouissait-il ? On a passé dix-huit années à discuter gravement tous les matins lequel valait le mieux, du centre gauche ou du centre droit, et la plus grande hardiesse consistait à préférer la gauche. Ce fut une liberté stérile,

On vit ce scandale d'un roi qui, chaque année, engageait sa parole royale qu'une nationalité ne périrait pas, quand lui-même l'avait livrée, non-seulement ne songeait point à l'aider dans le présent, mais était parfaitement déterminé à ne jamais rien faire pour elle.

Il n'y a point de nation que les d'Orléans aient aidé. Et l'un des premiers hommes d'État de cette royauté, M. Casimir Périer, avait, dès 1831, systématisé l'abandon des peuples par la France en disant : « Nous ne concédons à aucun peuple le droit de nous forcer à combattre pour sa cause ; le sang et les trésors de la France n'appartiennent qu'à la France.

Ce parti-là voudrait se faire passer pour le parti du progrès ; mais lui-même avait pris pour mot d'ordre le *statu quo*, et pour titre le nom de conservateur. Et il n'avait point d'autre but que de jouir. Et l'un de ses hommes d'Etat les plus fameux, M. Guizot, disait, en 1846 : « Enrichissez-vous. »

La dégradation au dedans et au dehors était devenue telle qu'un des leurs, qui fut plusieurs fois ministre, caractérisait ce système par ces mots : « c'était le régime de l'abaissement continu. »

Les orléanistes se glorifient beaucoup des années de paix qu'ils on données à la France. Mais c'était une paix honteuse. « Le pouvoir, disait-on alors, se vante du repos qui existe ; mais tuer un peuple en le plongeant dans un sommeil léthargique, l'envelopper dans un linceul, le désorganiser par la corruption, et encore rendre ce sommeil si factice, cette désorganisation si hideuse, que tous entrevoient avec crainte, mais avec certitude, le moment du réveil, ce n'est pas fonder la paix, c'est établir momentanément dans le pays la tranquillité du cimetière. » (Louis-Napoléon Bonaparte, 5 novembre 1844.)

Ce que les orléanistes ont en horreur par dessus tout, c'est l'idée du sacrifice. Or, il n'y a point de gloire, point de guerre possibles sans sacrifices : c'est pour cela qu'ils ont détesté Napoléon Ier, l'ont servi et trahi. Le seul gouvernement qu'ils aiment est celui qui leur donne les moyens de jouir et de jouir seuls.

Napoléon, dans les conseils qu'il dictait au général Montholon pour son fils peu de jours avant de mourir, disait : « Mon fils arrivera après des troubles civils ; il n'a à redouter qu'un seul parti, celui du duc d'Orléans ; ce parti germe depuis longtemps. »

Le parti orléaniste ne peut rien seul : il a de l'habileté, mais il n'a pas le nombre pour lui. Et les masses ne peuvent oublier que ce parti est tombé plutôt que d'accorder la réforme, et que s'il venait à triompher, son premier acte serait d'abolir le suffrage universel.

La restauration orléaniste, si jamais elle était infligée à la France, et elle ne pourrait l'être qu'à la suite d'invasions, serait, non pas un progrès, mais une épouvantable reculade.

DU LIBÉRALISME EN FRANCE.

Vendredi, 23 décembre 1859.

Le libéralisme est devenu, en France, le mot d'ordre de ceux qui ont étouffé la liberté après 1830 et de ceux qui l'ont étouffée après 1848, C'est une tactique fort ancienne et qui malheureusement a réussi déjà bien des fois, qu'on se fasse libéral pour pouvoir mieux détruire la liberté.

Si, dans une armée, l'on voyait venir à soi les officiers de l'armée ennemie, ceux qui auraient été le plus acharnés dans le combat, les admettrait-on avec confiance et leur remettrait-on la conduite des troupes et la direction des opérations, par le seul fait qu'ils auraient prononcé le mot d'ordre? Et si les chefs se laissaient séduire au point d'accéder à de tels arrangements, les soldats ne concevraient-ils aucun soupçon? On les entendrait, au contraire, crier à la trahison. Pourquoi dans les luttes politiques serait-on moins sage et moins clairvoyant?

Il y a aujourd'hui commencement de coalition entre les serviteurs les plus passionnés de la monarchie déchue et les faux républicains qui ont perdu la république de février. C'est naturel : car les uns et les autres ne veulent que le règne d'une oligarchie bourgeoise ; qu'il y ait un roi ou qu'il n'y en ait pas, pouvu que ce soient eux qui gouvernent. Mais ce qui serait moins naturel, c'est que le peuple se laissât de nouveau tromper par eux. « Le pire despotisme, disait Napoléon, est celui d'une oligarchie, car l'oligarchie est sans entrailles. »

Toute alliance avec les hommes de l'ancien régime ne tourne qu'au profit de l'ancien régime. Un jour aussi Lafayette crut, en se coalisant avec les royalistes qui se disaient constitutionnels, assurer le règne de la liberté, et il ne fit que donner le pouvoir à ses plus cruels ennemis. Il s'imagina ramener la France à 1789, et l'on fit rétrograder la France jusqu'au régime qui précéda 1789. Ceux qui de même s'imaginerent ramener la France à février 1848 ne tarderaient pas à voir restaurer le régime qui précéda février 1848.

Il faut marcher en avant sans regarder en arrière.

L'ORLÉANISME ET LE CLERGÉ.

Dimanche, 22 janvier 1860.

Nous sommes témoins, en ce moment, d'un affligeant spectacle. Les hommes qui ont passé toute leur vie à se moquer de Dieu et de la religion, et les hommes qui ont été constamment les plus fanatiques apologistes du moyen-âge se sont donné la main. Ce n'est point un sentiment de conversion religieuse, pas plus qu'un esprit nouveau de tolérance qui les rapproche. Chacun est resté ce qu'il était. Mais une haine du progrès et un même amour du privilége, joints à un commun égoïsme, ont réuni les deux factions politiques et religieuses.

Ce sont de ces alliances honteuses que réprouvent également le bon sens et la saine politique. L'orléanisme n'y gagnera rien, et le clergé y perdra beaucoup. Nous ne voyons pas, en effet, ce que les orléanistes pourraient gagner à renier les principes de la révolution française; car ils n'ont pu parvenir au pouvoir et s'y maintenir quelques années qu'en les invoquant. Mais nous voyons très-bien dans quelle déconsidération l'alliance d'une fraction du clergé avec les plus incrédules des hommes, fera tomber le culte aux yeux des masses. Le peuple se dira alors qu'il y a là intérêt et non religion. Et le clergé ne saurait s'en prendre qu'à lui-même, si l'incrédulité s'accroît dans les âmes. Dès que le peuple, au lieu d'y trouver un guide assuré dans ses incertitudes, n'aperçoit plus là où il cherchait les consolations de la religion qu'un instrument politique, il s'éloigne. Mais sera-t-on en droit de crier demain à l'indifférence et au scepticisme en matière de religion?

ROME ET COBLENTZ.

Mercredi, 25 avril 1860.

Ce qui reste de l'ancienne noblesse française est incorrigible. Cette noblesse est si bien déracinée de la nation, elle s'est si complément séparée de ce qui fait la vie nationale, qu'à chaque crise on la voit toujours incliner vers l'étranger. Les fils du faubourg Saint-Germain courent aujourd'hui à Rome, comme autrefois sur le Rhin. Ils veulent, ils cherchent une armée de Condé n'importe où. Confondant les temps et les lieux, nos jeunes gentillâtres déclarent qu'ils se croisent. Les Sardes sont pour eux des Turcs, Victor-Emmanuel est Saladin, comme Bologne est leur Jérusalem. Ils ont retrouvé Godefroid de Bouillon dans le général de Lamoricière, et Louis Veuillot leur sert de Pierre l'Hermite. C'est là le ridicule de la nouvelle croisade; mais ce ridicule masque une sérieuse et coupable tentative de coalition. Ce ne sont que des préliminaires, mais ces préliminaires sont graves. On s'agite, on se groupe, on s'arme sous prétexte de religion : au fond il ne s'agit que de politique. Ils voient dans le Pape surtout le souverain et ses droits territoriaux. Depuis que d'imprudents conseillers du Saint-Père ont donné une si grande prédominance à la question temporelle et identifié la cause du Souverain-Pontife à celle des autres souverains dépossédés de leurs trônes italiens, les royalistes voient bien plus en Pie IX un chef de légitimistes que le Vicaire du Christ. Et la religion se trouvera ainsi subalternisée, par ceux-là mêmes qui s'en prétendent les défenseurs, à des intérêts de parti. En un mot, on n'émigre à Rome que parce qu'on voudrait ramener une restauration à Paris. C'est peu dangereux, nous le savons ; mais c'est un devoir de plus pour tous ceux qui font passer les intérêts de la nation avant les passions de partis de se resserrer davantage.

La conduite de M. le général de Lamorière n'est pas un phénomène isolé. Elle se rattache à un plan général qui a été longuement étudié, et dont on retrouve la préparation dans les journaux et revues des vieux partis : *les Débats*, *l'Union*, *la Gazette de France*, *l'Univers*, *les Deux-Mondes*, *le Correspondant* et *le Courrier du Dimanche*. Un certain public a paru tout étonné de voir M. de Lamoricière mettre son sabre d'Afrique au service du Saint-Siége. Ce n'est pas plus étonnant que de voir M. Guizot le protestant intriguer pour le Pape, et M. Cousin le philosophe serrer la main de Mgr Dupanloup, de lire l'apologétique en faveur des droits de Sa Sainteté sur les Romagnes par le voltairien Villemain, ou d'entendre M. Thiers débiter dans les salons cette sentence d'homme d'État : « Il ne faut pas être seulement catholique, mais surtout philosophe pour comprendre toute l'importance de l'intégrité du pouvoir temporel du Saint-Père. » Nous ferons observer que l'attitude de l'Institut, depuis quelques années, est pleine d'enseignements. La nomination de M. de Lamoricière comme général des soldats du Pape est le pendant de la nomination du R. P. Lacordaire comme académicien.

Et M. de Lamoricière ne restera point seul. Moreau non plus ne fut pas seul à trahir. M. de Lamoricière tiendra à se battre, Et il est à penser qu'il ne bornera pas à son ambition à tenter de sauvegarder ce qui reste de provinces au Pape ou à lui reconquérir les

Romagnes. Dans la position qu'il vient de prendre, il aura à écouter les propositions de tous ceux qui rêvent une coalition contre la France. Les souverains légitimes ont bien tourné la tête à Bernadotte qui était un autre homme que M. de Lamoricière. Ils feraient de lui plus aisément encore un chef d'avant-garde. Et lui aussi, comme Bernadotte, penserait sans doute faire tourner les vues des rois à son profit.

On se rappelle que de même que Moreau disait : « Si Bonaparte était tué, j'ai assez de partisans pour être sûr d'être nommé premier consul à sa place, » — Bernadotte se flattait également, en 1814, d'être assez populaire pour que Napoléon renversé il fût acclamé empereur. Et qui sait en vérité les vertiges d'idées saugrenues et ambitieuses qui ont pu passer ou qui passeront par l'esprit de M. le général de Lamoricière? Seulement, il arrive plus facilement encore qu'en suivant de tels sentiers on trouve la mort, comme Moreau, dans les rangs ennemis, que les marches d'un trône, comme Bernadotte. D'ailleurs, toutes les pourpres royales du monde ne sauraient cacher la honte de porter les armes contre la patrie. Dieu veuille épargner ce malheur à un Français de plus; mais c'est déjà un crime que de s'y exposer.

Ce qu'il est permis de supposer, c'est que les émigrés de Rome subiront la fortune qui accabla les émigrés de Coblentz à la fin du siècle dernier : ils deviendront un objet de mépris pour leur nation et seront la risée du reste du monde.

DU DEVOIR DES DÉMOCRATES.

(PREMIER ARTICLE).

Dimanche, 17 juin 1860.

Si l'invariabilité des convictions est ce qu'il y a de plus beau et de plus respectable en politique, il est convenable d'ajouter que le premier besoin d'un homme politique est d'être pratique. Le plus commode et en même temps le moins pratique, c'est l'abstention et la neutralité. Or, depuis des années, ceux à qui leurs antécédents donnaient quelque autorité morale n'ont guère conseillé autre chose que l'abstention et la neutralité. On appelle cela se garder. Mais se garder pourquoi, pour le lendemain? Le lendemain même serait pour ceux qui l'auraient préparé, non pour ceux qui l'auraient attendu les bras croisés. De tels conseils sont des aveux d'impuissance. C'est comme si l'on vous disait : « Ne sortez pas on se bat, vous pourriez y succomber; attendez plutôt que la lutte soit finie, peut-être alors en pourrez-vous profiter.

D'autres pousseront au contraire à des actions impossibles, et essaieront de vous persuader qu'avec une trentaine d'individus on peut changer la forme d'un gouvernement qui repose sur des millions de suffrage et s'appuie d'une armée de cinq cent mille hommes, encore tout glorieux du feu de combats livrés pour l'indépendance des nations. Il faut n'avoir pas le sentiment de la réalité pour le penser, et l'on n'a le droit de le conseiller qu'à la condition de s'y jeter soi-même le premier, dût-on y laisser la vie : sans cela ce ne serait pas seulement une faute de jugement, mais une folie criminelle, puisque c'est envoyer alors des hommes à la boucherie sans s'être exposé soi-même à l'ombre d'un danger.

Nous n'avons rien à dire à ceux qui croient pouvoir revenir aux procédés des jésuites, et s'imaginent que le peuple tolérerait d'être gouverné par des assassins. On a vu des exemples de gouvernements créés de la sorte ; mais une république qui se fonderait ainsi, non-seulement serait mort-née, mais encore disparaîtrait au milieu de l'exécration des nations.

Nous savons tous ce qu'il y a de saintement digne dans certaines conspirations ; mais il faut distinguer les lieux et les époques.

Quand une nation est opprimée, annihilée par l'étranger, on comprend les conspirations. Il n'y a personne qui ne voie des martyrs dans les Polonais envoyés en Sibérie.

Quand un gouvernement repose sur la volonté et gouverne dans les intérêts d'une petite classe d'hommes, on comprend encore les conspirations. Qui n'a pleuré, en France, les sergents de la Rochelle, les frères Faucher de la Réole : c'était sous la restauration. On fut sympathiques à l'héroïsme des combattants de Saint-Méry, à l'audace de la tentative de Strasbourg : c'était sous le régime du 7 août.

Or, Louis-Philippe régnait au nom de la bourgeoisie, comme Louis XVIII et Charles X s'efforçaient de le faire dans l'intérêt des nobles et des prêtres. Et encore doit-on ajouter que ce n'est pas une conspiration qui a renversé ces deux gouvernements. mais une soudaine tempête populaire; seulement les conspirations préparaient l'opinion. Mais c'est que les situations étaient nettes. On pouvait dire alors : Un tel s'est levé, et est mort parce qu'il a voulu renverser un gouvernement qui a été imposé par l'étranger, ou bien qui règne avec le concours et dans l'intérêt d'une seule classe.

Et encore nous devons remarquer que le caractère français se prête peu aux conspirations. Notre caractère est, en général, trop ouvert, trop confiant, trop expansif, pour qu'il n'y ait pas cent et mille à parier contre un, que toute conspiration, pour peu qu'elle dure aboutira forcément à faire d'inutiles victimes. C'est immanquable pour que les conspirations que l'on conseille le plus ordinairement, c'est-à-dire des conspirations vagues pour agir on ne sait quand, ni au juste avec qui. Nous avons la conviction que de pareils moyens, même quand des hommes de cœur se laissent égarer à les recommander ou à les suivre, ne peuvent produire que de funestes résultats, et retarder le progrès loin d'y aider, puisque chaque échec, en ce cas, fournit des armes aux rétrogrades et arrête court toute velléité généreuse qu'aurait le gouvernement, si même il ne le rejette pas en arrière.

Que faire donc, puisqu'il n'est à présent ni bon de conspirer, ni bon de s'abstenir? Nous dirons qu'il faut se placer sur le terrain légal, puisqu'il en est un, si étroit soit-il, et s'efforcer de l'élargir. Plus que jamais, en France, il faut que l'action soit publique, puisque pour s'exercer efficacement et utilement l'influence doit s'exercer sur de grandes masses d'hommes.

Le Corps législatif a des attributions peu étendues, la publicité manque aux débats : il est néanmoins nécessaire d'entrer au Corps législatif; et pourtant les patriarches du parti républicain conseillaient l'abstention, sous le prétexte qu'on n'y pourrait rien faire. Quelques-uns ont même parlé de l'utilité de l'abstention en matière de presse, sous le prétexte qu'on ne peut pas tout écrire.

Ils craignaient tout ce qui pouvait constater une infériorité de nombre; ils craignaient également qu'en usant d'une liberté de presse qui n'existe pas, on n'empêche cette liberté légale d'arriver ! Nous croyons au contraire que c'est en faisant entrer, fût-ce par surprise, la liberté dans les mœurs qu'on les fait plus facilement entrer dans les lois. Il faut dire, écrire et faire ce qu'on peut, en attendant qu'on puisse faire, écrire et dire tout ce qu'on veut.

Nous pensons que si chaque jour on se fût efforcé de faire un pas, on eût progressé beaucoup depuis dix ans, Le meilleur moyen d'influer sur le gouvernement et d'agir sur l'opinion publique, c'est de ne demander que des choses justes, évidemment bonnes, comprises de tous et faciles à accorder ; de ne jamais désapprouver une chose vraie parce qu'elle est proposée par des gens que nous n'aimons pas, mais de toujours réclamer quelque chose de plus.

Il ne faut jamais être satisfait : car il y a toujours, quoi qu'on fasse, encore des progrès à accomplir. Et le démocrate doit les solliciter sans cesse, Ne nous sentons-nous donc pas plus libres qu'il y a deux ans ? L'expédition d'Italie a commencé notre propre délivrance. Chaque campagne en faveur d'une nation nous augmentera nos libertés en France.

Or on ne peut pas dire que le relèvement des nationalités soit contraire à la tradition du gouvernement actuel. Demandons-lui de nous conduire successivement à l'affranchissement de tous les peuples qui souffrent. On ne peut pas dire que l'amélioration du sort des masses soit opposée aux préoccupations de ceux qui nous dirigent en ce moment : car ils en parlent souvent, et s'ils ne font pas davantage, c'est faute, peut-être, de suffisants éléments d'information sur la condition et les besoins des travailleurs. Il est bon de faire son possible pour y suppléer.

DU DEVOIR DES DÉMOCRATES.

(2e ET DERNIER ARTICLE.)

Dimanche, 24 juin 1860.

Avant tout, pas de restauration ni d'évasion. Les mauvais jours, nous le savons, sont encore loin de nous ; et sans doute même la sagesse et l'habileté unies à l'expérience et au patriotisme, parviendront à les écarter. Mais c'est surtout au temps de la prospérité qu'il faut songer aux époques de malheur, qu'il faut réfléchir aux causes qui les ont amenées une première fois.

La plus grande sottise de l'homme est de se laisser aller au cours des événements : car c'est renoncer à son libre arbitre et se mettre sous le coup de ce que l'on appelle la fatalité, c'est-à-dire sous la loi des forces aveugles de la nature. Celui qui ne se gare pas quand il voit une maison qui s'écroule, n'a pas le droit d'acuuser la Providence, si, dans leur chute, les murs l'écasent fatalement.

Défiez-vous donc de ceux qui vous disent : Laissez faire, laissez passer les événements ; car ce sont des endormeurs. Mais croyez au contraire que notre destinée d'homme et de nation est ce que nous la faisons.

Est-ce que l'on peut se désintéresser des affaires de son pays au point de rester neutre ? N'y a-t-il pas constrmment dans les grandes luttes humaines un côté meilleur que l'autre. Et si soi-même on n'est pas directement en cause, ne faut-il pas apporter son appoint à l'un de ceux qui combattent ? C'est souvent déjà beaucoup que notre ennemi soit affaibli. Et si l'on croit avoir plusieuurs ennemis, du moins faut-il savoir discerner quel est le plus gaand ennemi. Notre ennemi, aujourd'hui, c'est l'ancien régime d'avant 48 : c'est l'orléanisme. Le premier devoir des démocrates est de le combattre.

Et cependant vous entendrez dire : Unerestauration orléaniste vaudrait mieux que ce qui existe; les d'Orléans ne pourraient rentrer qu'en accordant la liberté; ils nous donneraient du moins dans leur charte la facilité de les renverser. l'orléanisme serait un premier pas vers le retour de la république. Ce sont là des paroles impies. et pour juger les intentions de ceux qui vous tiendraient ce langage, voyez leurs antécédents. Chacun de ces hommes est un cavaignachien. Nous ne nierons pas, en effet, que l'orléanisme ne puisse, une fois encore, en dix-huit ans, aboutir à une république cavaignachienne. Belle perspective, en vérité. Est-ce donc là ce que le peuple veut.

Le rêve des orléanistes et des faux républicains est de faire une espèce de coalition extérieure. L'intérêt des vrais démocrrtes est d'empêcher une telle monstruosité. Je sais bien que quelques républicains s'imaginent être assez habiles pour conspirer avec les Orléans; les jouer et les supplanter après le succès obtenu en commun. Mais d'abord il fant être bien simple en politique pour supposer possible que leur restauration puisse s'accomplir sans invasion ; et il faudrait être bien criminel pour accepter une telle combinalson. Puis l'expérience est là qui enseigne que si un Lafayette peut être, dans une crise pareille, porté au gouvernement, il n'y est que pour vingt-quatre heures. Puis viennent les proscriptions. Avis aux républicains qui, dans la naïveté de leurs cœurs, croiraient possible de jouer avec une restauration.

J'en ai vu qui se réjouissaient de chaque acte gouvernemental mauvais, en se disant : Tant mieux, ce sera plus tôt fini. le bien naîtra de l'excès du mal. C'est une mauvaise pensée et un faux calcul. Le bien de l'Italie est-il venu par Naples ou par le Piémont? Et pourtant ce n'est pas l'excès du mal qui a manqué à Naples. Nous croyons, au contraire, qu'un progrès en engendre un autre, et que les libertés naissent les unes des autres.

J'en ai vu aussi qui se désolaient de chaque acte bon que pouvait faire le gouvernement, en disant : Il se popularisera et consolidera et il nous écrasera ensuite de tout le poids du prétendu bien qu'il nous aura fait.

Mais il est aisé de répondre que de tels raisonnements politiques sont des enfantillages. Avant la guerre d'italie, noos applaudissions de tout cœur cette grande œuvre d'émancipation, et nous disions : Le premier fruit pour nous de cette guerre sera l'amnistie générale. Et c'est ainsi arrivé.

Voulez-vous savoir si un acte est bon ou mauvais? Voyez ce qu'en disent les ennemis nés de la démocratie. Si le *Monde* et les *Débats* blâment une chose, dites qu'elle vous est bonne. C'est déjà un grand motif de nous réjouir que les orléanistes et les ultra-catholiques soient mécontents.

Il ne s'agit vraiment pas en ce moment de disputer sur la meilleure forme de gouvernement. Chacun à cet égard a sa théorie, et les discussions y changeront peu et ne convaincront personne : il s'agit des grands principes de la révolution française qui, une fois encore, sont en cause dans le monde : il faut ou rétrograder aux temps d'avent 1848 et 1789, ou les faire triompher. Pouvons-nous nier que le gouvernement actuel fait en Europe prévaloir par l'usage des plébiscites la souveraineté nationale et le suffrage universel? S'il fait en Europe les affaires de la démocratie, croyons qu'il les fait aussi par-là même en France.

Que de fois, dans nos études, n'avons-nous pas dit : Si Napoléon avait eu la sagesse et la foi de s'appuyer sur l'élément populaire, il ne fût pas tombé. Si, d'autre part, les démocrates comme Carnot eussent fait dès 1809, ce qu'il ont fait en 1814 en présence de l'ennemi, nous n'eussions connu ni iuvasion ni restauration.

Essayons de faire mieux que nos pères. Quand s'inspirant de l'expérience de ce qui a été perdu l'oncle, le neveu fait des actes que les démocrates regrettent de ne pas faire eux-mêmes, il serait insensé de les repousser. Si nous voulons avoir le droit de blâmer, commençons par être irréprochables. Le meilleur moyen d'inciter le gouvernement à faire son devoir, c'est de faire le nôtre nous-même d'abord.

FIN.

Paris. — Imprimerie de L. TINTERLIN et Ce, rue Neuve-des-Bons-Enfants, 3.

www.ingramcontent.com/pod-product-compliance
Lightning Source LLC
LaVergne TN
LVHW010411240826
846091LV00020B/3643
9782016123683